MÉMOIRE

SUR UN

PROJET D'AMÉNAGEMENT

DES EAUX DU LAC DE SAINT-POINT

EN VUE D'AMÉLIORER L'ALIMENTATION

DES USINES SITUÉES SUR LA RIVIÈRE DU DOUBS.

BESANÇON,

IMPRIMERIE ET LITHOGRAPHIE DE J. JACQUIN,

Grande-Rue, 14, à la Vieille-Intendance.

—

1874.

MÉMOIRE

SUR UN

PROJET D'AMÉNAGEMENT

DES EAUX DU LAC DE SAINT-POINT

EN VUE D'AMÉLIORER L'ALIMENTATION

DES USINES SITUÉES SUR LA RIVIÈRE DU DOUBS.

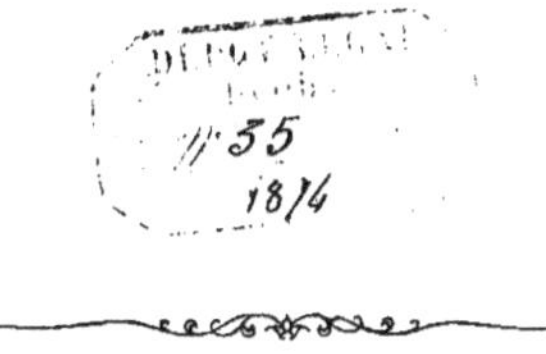

BESANÇON,

IMPRIMERIE ET LITHOGRAPHIE DE J. JACQUIN,

Grande-Rue, 14, à la Vieille-Intendance.

1874.

AMÉNAGEMENT

DES EAUX

DU LAC DE SAINT-POINT.

Exposé préliminaire.

L'aménagement des eaux des lacs de Remoray et de Saint-Point, en vue de les employer à des améliorations soit agricoles, soit industrielles, a fait le sujet d'une étude générale présentée le 31 juillet 1863 par M. Parandier, actuellement inspecteur général des ponts et chaussées. Cette étude comprenait trois systèmes d'ouvrages, appropriés le premier à l'amélioration des terrains formant le fond de la vallée de Saint-Point, le second à l'amélioration du régime du Doubs à un point de vue exclusivement industriel, le troisième à l'ensemble des améliorations à la fois agricoles et industrielles.

Dans le premier cas, les ouvrages devaient permettre, au moyen de barrages, de retenir l'eau à des niveaux suffisants pour arroser les terrains riverains des lacs, de régler son régime au moyen de vannes, et d'assurer son écoulement au moyen d'approfondissements du lit du Doubs. La surface des terrains à améliorer était évaluée à 345 hectares, et le chiffre de la dépense à 460,000 fr.

Le second cas, relatif aux améliorations industrielles, prévoyait la possibilité de tirer des lacs, en abaissant leur niveau, une certaine quantité d'eau destinée à accroître le débit du Doubs en temps de sécheresse, et de procurer ainsi aux usines placées sur ce cours d'eau une amélioration dans la continuité de leur force motrice. M. Parandier évaluait à 11,348,800 fr. la plus-value industrielle à obtenir, et à 610,000 fr. la dépense à faire.

Enfin, dans le troisième cas, étudié au double point de vue des améliorations agricoles et industrielles, le niveau des lacs devait être exhaussé au moyen de barrages et de digues d'un grand développement, de manière à constituer une réserve d'eau considérable, pouvant être employée soit à arroser les terrains riverains, soit à soutenir un convenable débit du Doubs lors des sécheresses. Des contre-fossés devaient, en outre, envelopper les digues pour assurer l'écoulement des eaux d'arrosage jusqu'au lit inférieur du Doubs approfondi. Dans ce système, M. Parandier estimait la dépense à 2,400,000 fr.

Suite donnée à cette étude générale.

Cette étude d'aménagement d'eaux, restée à l'état d'indications générales, fut soumise à l'appréciation du conseil général du département du Doubs. Ce dernier a émis, en 1865, l'avis qu'il convenait de donner suite à l'étude d'un projet limité à l'amélioration du débit du Doubs au point de vue industriel, et il a demandé que l'affaire fût soumise à l'administration supérieure. Dans chacune de ses sessions suivantes, ce conseil a réclamé la continuation de cette étude.

Selon le précédent vœu, l'avant-projet ci-dessus fut adressé à M. le ministre des travaux publics. Son Excellence, dans une dépêche du 25 février 1869, a informé M. le préfet du Doubs que le conseil général des ponts et chaussées, après examen, avait fait remarquer « que l'utilisation des lacs de Saint-Point » et de Remoray, pour la création d'une réserve d'eau destinée à augmenter » pendant les sécheresses la force motrice des usines échelonnées sur le » Doubs, entre Saint-Point et Crissey, n'intéresse en réalité que ces usines ; » que l'administration n'a, en ce qui la concerne, aucune objection à faire » à une opération de cette nature, sous toutes réserves des intérêts publics et » des tiers ; mais que c'est aux propriétaires des usines, réunis au besoin en » syndicat, à l'étudier, à en apprécier les dépenses et les avantages, et à » l'entreprendre à leurs risques et périls, avec ou sans le concours du dépar- » tement, en se conformant aux lois et règlements en vigueur. » Toutefois, dans une seconde dépêche du 16 novembre 1869, M. le ministre a annoncé qu'il était disposé à autoriser les ingénieurs à se mettre en rapport avec les parties intéressées pour leur fournir tous les documents nécessaires et les aider à se réunir en syndicat libre, qui pourrait ensuite être autorisé.

Etude complète demandée au service hydraulique.

L'affaire étant revenue en cet état au service hydraulique, il a été procédé à de nouvelles opérations pour compléter l'étude de la question au point de vue de l'amélioration industrielle seulement, comme l'a demandé le conseil général du département. Dans le présent mémoire, nous avons pour but d'exposer les résultats de cette étude. Nous ferons connaître sommairement 1° quels sont les ouvrages à exécuter pour pouvoir employer comme réserve une partie de l'eau contenue dans les lacs au-dessous de leur niveau ordinaire et la dépense approximative à laquelle ces ouvrages donneront lieu ; 2° les résultats probables de l'entreprise ; 3° la marche à suivre pour arriver à sa réalisation.

Préalablement, nous croyons devoir décrire succinctement les lieux, et notamment les parties de la vallée du Doubs présentant des circonstances qui se rattachent particulièrement à la question.

Description des lieux. — Renseignements.

La rivière du Doubs, qui prend sa source à Mouthe, un peu au sud-ouest de Pontarlier et vers les points les plus élevés de la chaîne des monts Jura, se dirige d'abord au nord-est jusqu'aux localités de Saint-Ursanne et de Montbéliard, où les ramifications de cette chaîne rencontrent celles des montagnes des Vosges. Les monts Jura présentant une succession de vallées parallèles dirigées du sud-ouest au nord-est, le Doubs suit en partie ces vallées et passe de l'une à l'autre par des coupures ou *cluses* creusées dans les massifs rocheux. Arrivé vers Montbéliard, il se retourne au sud-ouest, et, suivant la vallée la plus basse, il se rend dans la Saône sous les murs de Verdun, en touchant les localités importantes de l'Isle-sur-le-Doubs, Clerval, Baume-les-Dames, Besançon et Dole. Dans son trajet, ce cours d'eau sillonne les trois départements du Doubs, du Jura et de Saône-et-Loire ; mais la plus grande partie se trouve sur le premier de ces départements.

La pente du Doubs, depuis sa source jusqu'à son embouchure, est de 775 mètres environ. Cette pente est utilisée pour un grand nombre d'usines, dont la dernière est le moulin de Crissey, situé à 2 kilomètres au-dessous de Dole (Jura). Cent trente de ces usines se trouvent en aval de Saint-Point.

Les lacs de Remoray et de Saint-Point sont situés à 20 kilomètres de la source du Doubs et occupent le fond de la seconde vallée que parcourt cette rivière. Celle-ci atteint le thalweg de cette vallée entre les deux lacs ; puis, laissant au sud-ouest celui de Remoray, elle traverse le bassin de Saint-Point suivant sa longueur et continue son cours dans la même direction jusqu'au pied du fort de Joux. De là, par une seconde coupure, le Doubs descend à Pontarlier et gagne l'entrée de la gorge du Sauget, entre les villages de Doubs et d'Arçon. Resserré dans cette gorge, il s'abaisse par une succession de brisants jusqu'à la vallée de Morteau, où sa pente devient très faible. A 10 ki-

Ensemble
du cours du Doubs.

lomètres au delà de Morteau, en face du village des Brenets, le Doubs commence à toucher la frontière suisse, qui suit l'axe du lac de Chaillexon. A l'extrémité aval de ce dernier lac se trouve un étranglement désigné sous le nom de *Tracoulot* et qui précède le *Saut du Doubs*. Cette dernière chute forme l'origine d'une nouvelle gorge étroite et profonde s'étendant jusqu'à Saint-Ursanne. Vers Saint-Ursanne, où le Doubs est entièrement sur le territoire suisse, il se retourne brusquement à gauche, et par une nouvelle coupure profonde dirigée vers l'ouest, il rentre en France et arrive à Saint-Hippolyte. De là, suivant une gorge dirigée au nord, il atteint le bourg de Pont-de-Roide, où la vallée commence à s'élargir, puis les localités d'Audincourt et de Voujeaucourt, près de Montbéliard, où il s'engage dans la vallée inférieure, qu'il suit jusqu'à son embouchure.

De Saint-Point à Voujeaucourt, le Doubs reçoit divers affluents. Les principaux sont d'abord le Drugeon, qui y entre du côté gauche, à l'origine de la gorge du Sauget; puis le Dessoubre, entrant également du côté gauche, à Saint-Hippolyte; enfin l'Allan, venant de Porrentruy [1], qui débouche du côté droit à Voujeaucourt, au moment où il vient de se grossir des rivières de la Savoureuse et de la Luzine, descendant des Vosges. Au delà de Voujeaucourt et jusqu'à Crissey, le Doubs ne reçoit plus qu'un seul affluent important, qui est le Cuisancin, dont l'embouchure se trouve un peu au-dessus de Baume-les-Dames.

Le lac de Saint-Point et le Doubs, à partir du pont de Voujeaucourt, ont été déclarés flottables et navigables par l'ordonnance royale du 10 juillet 1835. Sur le lac, il ne circule que des batelets de pêche et quelques radeaux peu volumineux, et l'effet le plus important de l'ordonnance précitée est de donner à l'Etat la faculté d'amodier la pêche de ce lac. Quant au Doubs, depuis Voujeaucourt jusqu'à Crissey, il sert à alimenter le canal du Rhône au Rhin, dont les bateaux empruntent son lit sur de grandes longueurs. En aval de Crissey, il ne circule guère que des radeaux amenés principalement par la Loue, depuis Cramans ou Chamblay.

Les 130 usines établies en aval de Saint-Point utilisent plus ou moins complètement une hauteur de chute de 204 mètres, qui leur permet d'obtenir des eaux du Doubs une force motrice pouvant être estimée à 700,000 journées d'un cheval-vapeur, durant une année de régime moyen de cette rivière. En retranchant des 650 mètres de pente totale que présente le Doubs entre Saint-

---

(1) A Porrentruy, l'Allan porte le nom de Halle ; à Delle, il prend celui d'Allaine ou Allan.

Point et Crissey, d'une part cette hauteur de 204 mètres utilisée, d'autre part la pente qui paraît nécessaire pour écouler les eaux moyennes, soit 151 mètres, on trouve qu'il resterait encore à utiliser une chute de 295 mètres pour créer de nouveaux établissements industriels. Mais la plus grande partie de cette chute correspondant à des gorges d'un accès difficile, il ne sera possible d'en profiter qu'après l'établissement de nouvelles voies convenables de circulation.

Un assez grand nombre des usines existant sur le Doubs ont une importance considérable, et leurs mécanismes sont capables d'utiliser un grand volume d'eau, s'élevant quelquefois au delà de 20^{mc} par seconde. Le débit du Doubs s'abaissant beaucoup en étiage, surtout dans la partie supérieure, les usiniers sont obligés de laisser chômer une partie de ces mécanismes ou d'employer la vapeur. Ce sont surtout ces usiniers qui ont actuellement un grand intérêt à l'aménagement projeté. Pour un certain nombre d'autres, le projet ne leur serait profitable que s'ils modifiaient leurs mécanismes.

Dans le tableau suivant, nous avons divisé le Doubs en sections correspondant à ses principales variations de régime, et nous donnons à la suite de chacune de ces sections le débit de la rivière à ses différents états d'étiage, d'eau ordinaire et de crue, l'altitude de la surface des eaux ordinaires, la distance à partir de la source, puis le nombre d'usines, la hauteur de chute qu'elles utilisent, enfin celle qui reste disponible.

INDICATION DES PARTIES SUCCESSIVES DE LA RIVIÈRE DU DOUBS.	DÉBIT PAR SECONDE en étiage.	DÉBIT PAR SECONDE en temps ordinaire.	DÉBIT PAR SECONDE en crues.	HAUTEUR des eaux ordinaires au-dessus du niveau de la mer.	LONGUEUR des différentes parties cumulées à partir de la source.	NOMBRE D'USINES.	HAUTEUR des chutes utilisées.	PENTE nécessaire pour l'écoulement des eaux moyennes.	HAUTEUR des chutes restant disponibles.
	mc.	mc.	mc.	m.	k.		mèt.	mèt.	mèt.
La source du Doubs	0.220	2.500	37.500	944.5					
Affluents jusqu'à la sortie du lac de St-Point.	0.680	2.000	40.500						
1re Section. — *Du lac de Saint-Point à Voujeaucourt.*									
Sortie du lac de Saint-Point.	0.900	4.500	78.000	850.0	25.5				
Affluents jusqu'au Drugeon	0.070	0.580	12.500			16	22.25	15.75	14.00 (1)
Amont du confluent du Drugeon	0.970	5.080	90.500	798.0 (2)	40.5				
Le Drugeon	0.250	1.020	13.500						
Aval du confluent du Drugeon	1.220	6.100	104.000			8	14.05	12.45	17.50
Affluents jusqu'au val de Morteau	0.005	3.210	12.000						
Entrée du val de Morteau.	1.225	9.310	116.000	754.0	65.1				
Affluents jusqu'au Saut du Doubs.	0.300	4.180	166.000			4	4.32	8.68	3.00
Saut du Doubs (seuil de la chute)	1.525	13.490	282.000	738.0	82.3				
Affluents jusqu'à la sortie de France	0.455	0.680	33.000			24	64.45	47.55	90.00 (3)
Sortie de France (à l'aval d'Indevillers)	1.980	14.170	315.000	536.0	123.8				
Affluents jusqu'à Saint-Ursanne	0.150	2.100	14.000						
Saint-Ursanne (Suisse).	2.130	16.270	329.000	»	143.8	6	11.60	15.40	66.00
Affluents jusqu'à la rentrée sur France	0.090	1.100	7.000						
Rentrée sur France (à l'amont de Montjoie).	2.220	17.370	336.000	443.0	154.3				
Affluents jusqu'au Dessoubre	0.300	3.030	20.000			2	3.20	11.30	49.50
Amont du confluent du Dessoubre.	2.520	20.400	356.000	379.0	176.6				
Le Dessoubre.	0.250	3.500	275.000						
Aval du confluent du Dessoubre	2.770	23.900	631.000			23	32.63	18.37	21.00
Affluents jusqu'à l'Allan	1.820	10.100	87.000			83	152.50	129.50	261.00
Amont du confluent de l'Allan.	4.590	34.000	718.000						
L'Allan.	2.250	7.500	650.000	307.0	213.1				
2e Section. — *De Voujeaucourt à la limite du département du Jura.*						16	14.50	10.50	18.00
Aval du confluent de l'Allan	6,840	41.500	1,368.000						
Affluents jusqu'au Cuisancin	2,510	8.900	108.000						
Amont du confluent du Cuisancin.	9.350	50.400	1,476.000						
Le Cuisancin.	0.620	3.250	275.000	264.0	263.7				
Aval du confluent du Cuisancin	9.970	53.650	1,751.000			8	12.80	4.70	9.50
Affluents jusqu'à Besançon.	1.030	6.350	49.000						
Pont de Battant, à Besançon.	11.000	60.000	1,800.000	237.0	302.7				
Affluents jusqu'au département du Jura.	1.500	9.000	60.000			10	8.15	5.35	6.50
3e Section. — *Hors du département du Doubs.*						34	35.45	20.55	34.00
Entrée sur le département du Jura	12.500	69.000	1,860.000	217.0	341.7				
Affluents jusqu'à Crissey	1.500	11.000	70.000			13	16.05	0.95	»
Crissey (emplacem.t de la dernière usine).	14.000	80.000	1,930.000	200.0	377.5				
Entrée sur le départem.t de Saône-et-Loire.	»	»	»	183.0	412.0				
Embouchure dans la Saône	»	»	»	170.0	442.0				

(1) Ces nombres comprennent les usines d'Oye-et-Pallet.
(2) La crête du barrage qui relève les eaux dans la grotte d'où s'échappe la Loue se trouve à 535 mètres au-dessus du niveau de la mer.
(3) Les 27 mètres de hauteur du Saut du Doubs ne sont pas comptés comme chute disponible.

RÉCAPITULATION.

	NOMBRE D'USINES.	HAUTEUR des chutes utilisées.	PENTE nécessaire pour l'écoulement des eaux moyennes.	HAUTEUR des chutes restant disponibles.
1re Section. . .	83	152.50	129.50	261.00
2e Id. . . .	34	35.45	20.55	34.00
3e Id. . . .	13	16.05	0.95	»
Totaux. .	130	204.00	151.00	295.00

Nous complétons par une carte des contrées que le Doubs arrose, la description générale qui précède, et nous donnons dans un état spécial (pièce n° 2 C du dossier général) divers renseignements sur les usines existant du lac de Saint-Point à Crissey, notamment la consistance de leurs mécanismes, leur hauteur de chute, le volume d'eau qu'elles peuvent utiliser et la valeur moyenne de leur force motrice.

Mais, pour l'intelligence complète de la question, il nous paraît nécessaire de donner encore quelques détails sur la vallée de Saint-Point et la gorge du Sauget, ainsi que sur la partie du val de Morteau qui précède le Saut du Doubs.

Les lacs de Remoray et de Saint-Point [1] s'étendent sur la majeure partie de la seconde vallée où coule le Doubs à partir de sa source. Le premier de ces lacs a une longueur de 1,600 mètres, et sa plus grande largeur est de 900 mètres. Il présente, au niveau ordinaire des eaux, une surface de 93 hectares. Au nord-est, et à 2,500 mètres, se trouve le lac de Saint-Point, qui a 6,200 mètres de longueur, 800 mètres de largeur maximum et 383 hectares d'étendue. La vallée est bordée de montagnes élevées, dont les versants descendent presque jusqu'au bord des lacs. Le Doubs, qui arrive par le côté sud-est, atteint le thalweg à 500 mètres du premier, et suit cette ligne sur 2,000 mètres pour gagner le lac de Saint-Point, qui lui sert de lit. Une sorte de canal, appelé ruisseau de la Taverne, fait communiquer le premier lac avec le Doubs et donne passage aux eaux que ce lac reçoit directement d'un certain nombre d'affluents.

Le sol de la vallée de Saint-Point est constitué dans les parties basses par un dépôt de galets que relie un limon argilo-calcaire. Ce dépôt, qui appartient à la formation du grès vert, est généralement recouvert, en dehors des lacs, d'une couche de terre végétale assez riche en humus et d'une épaisseur variable. Les lacs, sur une certaine largeur à partir des bords, présentent une faible profondeur d'eau ; mais, dans la partie centrale, cette profondeur augmente presque brusquement et devient très grande. Il résulte de cette disposition que la zone du pourtour présente l'aspect blanchâtre du calcaire, tandis que la partie centrale offre une teinte foncée. Dans le pays on désigne ces diverses parties par les noms de *blancs* et de *noirs*. Les *blancs* occupent dans le lac de Remoray une superficie de 31 hectares, et de 134 hectares dans celui de Saint-Point. L'étendue occupée par les *noirs* est de 62 hectares dans le premier lac et de 249 dans le second. Ces surfaces correspondent au niveau ordinaire des eaux dans les deux lacs, lequel se trouve au-dessus du socle de la culée gauche (tête aval) du pont couvert de Sainte-Marie, établi sur le Doubs,

Vallée
de Saint-Point.

---

(1) Ainsi qu'on l'a dit plus haut, le lac de Saint-Point appartient à l'Etat ; mais il n'en est pas de même de celui de Remoray, qui a appartenu jusqu'à 1792 à l'abbaye du Mont-Sainte-Marie, à qui Gaulchier, seigneur de Salins, l'avait donné en 1199. Ce lac a été vendu par l'Etat à un particulier le 23 mars 1792, et l'acte de cette vente stipule seulement que l'acquéreur l'a pris tel qu'il était, et sans préjudice des droits de pêche des habitants de Labergement et autres, s'ils en avaient.

Autrefois le lac de Saint-Point était appelé lac Dampvauthier (titre de 1323). En 1509 et encore en 1792, celui de Remoray était désigné sous les noms de lac Savoureux ou de lac de Sainte-Marie. Les habitants de Labergement et de Remoray ne devaient y pêcher autrement qu'à pied et avec la trouble. Ils ne devaient pas s'y servir de barques. (Titre de 1509 déposé aux archives de la préfecture du Doubs.)

savoir, de 0m53 pour le lac de Remoray, et de 0m45 pour celui de Saint-Point. Quant à la hauteur moyenne des fonds *blancs*, elle est, au-dessous du même repère, de 0m35 dans le premier lac et de 0m77 dans le second. D'après les observations faites pendant plusieurs années sur la hauteur des eaux des lacs, les plus fortes crues ne s'élèveraient pas à plus de 1m90 au-dessus du repère ci-dessus, et le niveau de l'étiage serait dans chacun d'eux à la hauteur même de ce repère. Quant à la profondeur d'eau dans le canal de la Taverne, elle se réduirait en étiage à 1m50 environ.

Régime du Doubs dans la vallée de Saint-Point.

La connaissance du régime des eaux du Doubs dans la vallée de Saint-Point étant indispensable pour apprécier les avantages que l'on pourrait espérer de l'aménagement projeté, nous avons cherché à établir ce régime pour une année moyenne. Le service hydraulique, de 1858 (à partir du 11 octobre) à 1864 (18 septembre), période pendant laquelle il s'est occupé des questions de défense du territoire contre les inondations, ayant fait observer dans la vallée de Saint-Point, d'une part, la hauteur des eaux des lacs par rapport à l'étiage, d'autre part, les hauteurs des pluies tombées, nous avons coordonné ces observations. En évaluant les débits qui avaient lieu à l'aval des lacs pour différentes hauteurs d'eau observées à Sainte-Marie, nous avons pu construire la courbe des débits journaliers qui ont eu lieu durant la période ci-dessus, et nous avons placé en regard la courbe des hauteurs de pluie. (Voir la pièce n° 6 A du dossier général.)

En observant la courbe [1] des hauteurs totales annuelles des pluies tombées

(1)   Courbe des hauteurs totales de pluie tombée dans la vallée de Saint-Point de 1858 à 1872.

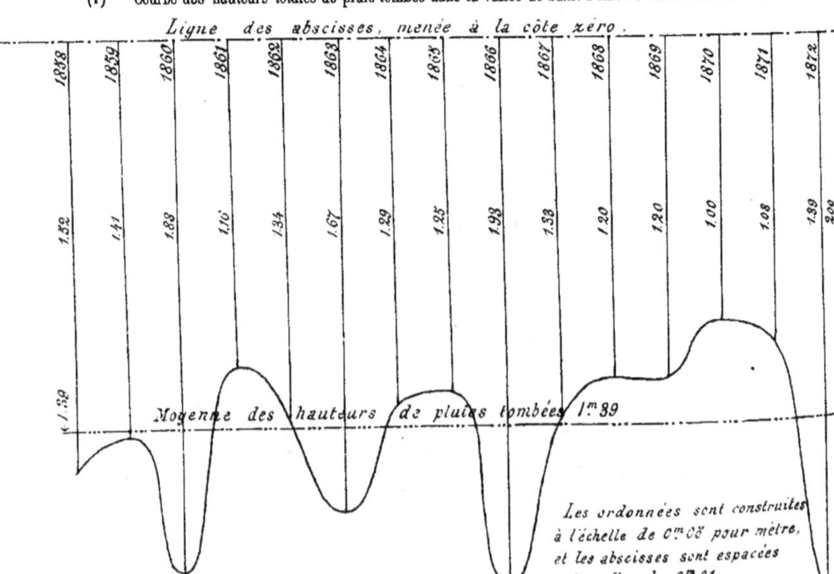

dans la contrée pendant les 15 années écoulées de 1858 à 1872, il nous a paru que l'année 1859 se rapprochait beaucoup d'une moyenne, bien que lui restant un peu supérieure, et nous avons pensé que cette même année pouvait servir de moyenne à l'égard de la succession des débits. Or, en résumant ces débits, nous trouvons les séries suivantes :

Le Doubs a fourni durant

14 jours un débit compris entre 0^{m}81 et		1^{m}00
63 — —	1^{m}01	1^{m}20
34 — —	1^{m}21	1^{m}40
62 — —	1^{m}41	1^{m}60
13 — —	1^{m}61	1^{m}80
11 — —	1^{m}81	2^{m}00
12 — —	2^{m}01	2^{m}20
6 — —	2^{m}21	2^{m}40
3 — —	2^{m}41	2^{m}60
5 — —	2^{m}61	2^{m}80
2 — —	2^{m}81	3^{m}00
9 — —	3^{m}01	3^{m}20
2 — —	3^{m}21	3^{m}40
7 — —	3^{m}41	3^{m}60
1 — —	3^{m}61	3^{m}80
4 — —	3^{m}81	4^{m}00
5 — —	4^{m}21	4^{m}40
2 — —	4^{m}41	4^{m}60
3 — —	4^{m}61	4^{m}80
3 — —	5^{m}21	5^{m}40
1 — —	6^{m}01	6^{m}20

262 à *reporter*.

Report, 262

Le Doubs a fourni durant

3 jours un débit compris entre 6^{m}21 et		6^{m}40
2 — —	6^{m}41	6^{m}60
3 — —	6^{m}61	6^{m}80
1 — —	6^{m}81	7^{m}00
1 — —	7^{m}01	7^{m}20
2 — —	7^{m}21	7^{m}40
1 — —	7^{m}41	7^{m}60
3 — —	7^{m}61	7^{m}80
1 — —	7^{m}81	8^{m}00
3 — —	8^{m}01	8^{m}20
6 — —	8^{m}61	8^{m}80
1 — —	9^{m}41	9^{m}60
2 — —	9^{m}61	9^{m}80
1 — —	9^{m}81	10^{m}00
5 — —	10^{m}21	10^{m}40
1 — —	11^{m}61	11^{m}80
3 — —	12^{m}21	12^{m}40
1 — —	12^{m}61	12^{m}80
1 — —	13^{m}21	13^{m}40
62 — —	14^{m}01 et plus.	

Total, 365 jours.

Le débit des eaux de pleins-bords à la sortie du lac de Saint-Point étant de 14^{mc} par seconde, nous avons observé que, pendant 1859, l'écoulement est resté entre l'étiage et les pleins-bords pendant 303 jours, et que la moyenne du débit a été de 4^{mc}66. D'après les considérations précédentes, il nous parait qu'on peut admettre qu'à la sortie des lacs, le débit de 4^{mc}60 représentera la moyenne générale.

En aval du lac de Saint-Point, la pente moyenne de la vallée est, sur environ 3 kilom., de 0^{m}0014 par mètre, puis elle se réduit à 0^{m}0006 sur le surplus de cette deuxième vallée. A 2 kilom. du lac, la pente est utilisée pour les deux usines d'Oye-et-Pallet, au moyen d'un barrage qui réduit à 0^{m}0005 par mètre la pente superficielle des eaux. Les deux usines d'Oye sont établies à la suite l'une de l'autre, sur la même dérivation, et appartiennent, l'une, celle d'amont, à la commune, l'autre au sieur Alfred Bouvet.

Tous les terrains qui bordent soit les lacs, soit les cours d'eau qui les avoisinent, sont à l'état de prés. Le fond de la vallée est à peu près de niveau dans le sens transversal, mais la largeur des parties de niveau est généralement très faible; au delà s'élèvent des coteaux assez rapides, cultivés ou boisés.

Dans la vallée de Saint-Point, le Doubs est traversé par trois voies de communication : l'une est la route départementale n° 12 de Salins à Jougne, qui passe entre les deux lacs, sur le pont couvert de Sainte-Marie, dont il a été parlé plus haut; les deux autres sont des chemins ruraux dépendant de la commune d'Oye-et-Pallet, et qui franchissent la rivière sur des ponts situés l'un en face de la section de Pallet, l'autre vers l'aval de celle d'Oye.

Jusqu'au confluent du Drugeon, entrée de la gorge du Sauget, le Doubs coule quelquefois sur du rocher, mais plus généralement son lit est formé de couches d'argile ou de marne mélangées de galets, et qui semblent appartenir soit au grès vert, soit aux alluvions modernes. A partir de sa jonction avec le Drugeon, et presque jusqu'au val de Morteau, le fond de la rivière est formé de rocher.

Gorge du Sauget. Dans la gorge du Sauget, on remarque un phénomène assez important au point de vue de la question qui nous occupe. Il consiste en ce que, sur moitié environ de la longueur de cette gorge, soit 12 kilom., entre le confluent du Drugeon, un peu en amont d'Arçon, et le village de Ville-du-Pont, l'eau s'enfonce sous les assises rocheuses et disparaît en tout ou en partie, suivant l'état de la rivière. Le volume d'eau absorbé a été déterminé par des jaugeages faits à diverses époques; les pertes se font progressivement, et elles ont été trouvées en totalité d'environ $2^{mc}50$ par seconde dans les moments où le débit à l'amont d'Arçon était supérieur à cette quantité. Aussi, lorsque ce débit descend au-dessous de $2^{mc}50$, le lit du Doubs est-il à sec sur une longueur plus ou moins grande. En certaines années très sèches, comme 1870 et 1871, on a pu voir le lit du Doubs entièrement découvert pendant plusieurs mois sur toute la longueur d'Arçon à Remonot.

L'absorption a lieu par un très grand nombre de fissures, qui font du sol une sorte de crible, et dont beaucoup s'aperçoivent, soit sur les bords, soit au fond de la rivière. Elles sont produites par les dislocations des assises du portlandien et du kimméridien, qui constituent généralement le sol de la gorge, comme l'indique le profil ci-après [1], levé suivant l'axe de la rivière. Il est probable que les eaux perdues se rendent dans de vastes cavités souterraines, qui forment une sorte de lit inférieur; mais il existait un doute à

(1) Voir ce profil à la page suivante (p. 13).

l'égard du lieu où ces cavités conduisaient les eaux, et on ne savait si celles-ci
allaient ressortir dans le lit du Doubs du côté de Morteau, ou ailleurs,

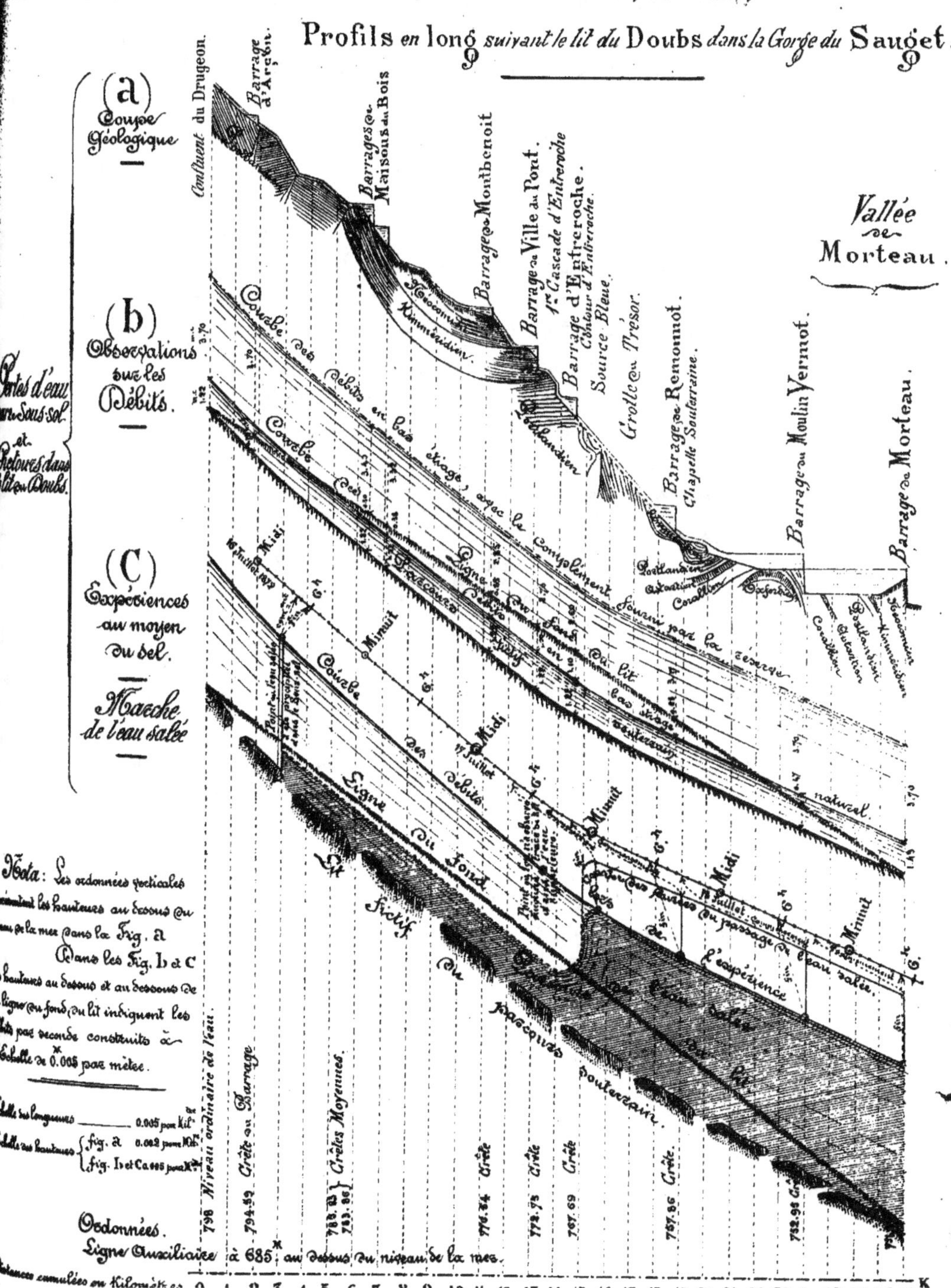

notamment dans la vallée de la Loue. D'une part, la source de cette dernière rivière, qui émerge à 10 kilom. seulement d'Arçon, est à un niveau de 260 mètres plus bas que le Doubs en cet endroit, et, bien que pour y parvenir les eaux eussent eu à traverser tout l'étage supérieur des terrains jurassiques, on pouvait cependant concevoir que des brisures dans la montagne leur permettaient de passer. D'autre part, en suivant la gorge du Sauget, on observait que l'ensemble des couches du portlandien et du kimméridien, après avoir passé au-dessous du néocomien, qui s'étend de Maisons-du-Bois à Ville-du-Pont, reparaissait à l'aval de cette dernière localité, en sorte que les conduits qui absorbaient l'eau dans la partie amont de la gorge pouvaient eux-mêmes la restituer à la partie aval. Les jaugeages opérés dans cette dernière partie portaient à croire qu'il en était ainsi, car au moment où l'on constatait une réduction de $2^{mc}50$ dans le débit depuis Arçon jusqu'à Ville-du-Pont, on remarquait une croissance progressive des eaux à partir de Remonot; vers l'extrémité de la gorge, l'accroissement était d'environ $1^{mc}50$ par rapport à Ville-du-Pont, et, dans la vallée de Morteau, le débit était sensiblement redevenu égal à celui qu'avait au même moment le Doubs en amont d'Arçon.

Toutefois, il n'était pas encore possible de conclure d'une manière absolue que l'accroissement ainsi observé en aval de Ville-du-Pont était produit par le retour des eaux absorbées en amont, attendu que les montagnes longeant la gorge présentaient des versants assez considérables pour fournir le volume d'eau affluent; et cependant il était important d'avoir à cet égard une certitude, parce que, dans le cas où les eaux perdues n'eussent pas fait retour au lit aval du Doubs, il eût été nécessaire de prévoir le moyen d'empêcher le débit de la réserve projetée de s'échapper suivant la direction des pertes. Nous avons dû, en conséquence, faire diverses expériences. L'emploi de substances flottantes ou colorantes ayant été tenté sans succès, nous avons essayé le sel comestible (chlorure de sodium). Une quantité d'eau d'environ 15^{mc}, saturée au moyen de 5,000 kilog. de sel, ayant été précipitée dans le sous-sol vers Arçon, on a constaté, au moyen du nitrate d'argent, que cette eau passait 30 heures plus tard à Remonot, puis au moulin Vermot (embouchure de la gorge) et ensuite à Morteau [1]. Des observations faites durant le même temps dans la vallée de la Loue ont fait connaître qu'aucune partie d'eau salée n'arrivait à ce cours d'eau.

(1) Voir la marche de l'eau salée sur le profil C donné à la page précédente.

Ayant ainsi obtenu l'assurance que les eaux dérivées du lac de Saint-Point se maintiendraient dans le lit du Doubs, nous n'avions plus à nous préoccuper des pertes existant entre Arçon et Ville-du-Pont, sauf en ce qui concerne les usines situées dans la gorge elle-même, et qui ont intérêt à empêcher l'absorption de l'eau du Doubs. Néanmoins, ces usines profiteraient encore des eaux de la réserve dans une certaine proportion qui nous a paru pouvoir être déterminée au moyen de la courbe [1] construite d'après les observations faites sur les pertes qui se produisent actuellement à chacune de ces usines.

Nous rencontrons dans le val de Morteau une localité où le service hydraulique a fait, il y a quelques années, des études en vue d'un aménagement des eaux du Doubs. Il convient de rappeler les tentatives dont ce travail a été l'objet.

La vallée de Morteau, d'une longueur de 13 kilomètres, se termine par le lac de Chaillexon et les bassins qui précèdent le Saut du Doubs. Elle est souvent envahie lors des crues, et quelques parties sont assez marécageuses en temps ordinaire. Des études entreprises depuis 1855 est sorti un avant-projet dressé en 1862 ; il avait pour objet : 1° l'amélioration agricole des terrains, 2° la création d'une réserve destinée soit à retarder l'écoulement des grandes eaux, soit à soutenir le débit du Doubs en aval pendant les sécheresses. Le moyen proposé consistait à abaisser de 1 m. 50 le seuil du *Tracoulot* et à y construire un barrage avec vannes, capable de relever le niveau de l'eau de 4 mètres au-dessus du nouveau seuil.

Au point de vue agricole, les ouvrages devaient permettre, tantôt d'abaisser le niveau de l'eau pour assainir la vallée, tantôt de le relever pour colmater les terrains. Considérés à ce point de vue, les travaux étaient évalués à 235,000 fr., et la plus-value à espérer sur 420 hectares, qui devaient en profiter, était estimée à 900,000 fr.

A l'égard des crues, et en ne tenant compte que des ouvrages régulateurs de l'écoulement, la dépense à faire était évaluée à 55,000 fr., et le volume d'eau de 17,000,000^{mc}, qui pouvait être retenu lors d'une forte crue, paraissait capable de retarder de onze heures la propagation du maximum.

Au point de vue industriel, les ouvrages étaient encore évalués à 55,000 fr., et la réserve constituée paraissait capable de fournir 1^{mc}50 par seconde pendant 36 jours de sécheresse, et d'ajouter moyennement par an une force de

____

[1] Voir cette courbe sur le profil B donné à la page 13.

1,600 chevaux-vapeur, estimée 288,000 fr., à celle que les usines situées entre le Saut du Doubs et Crissey possèdent actuellement.

Cette étude ayant été soumise à l'administration supérieure, M. le ministre des travaux publics, dans une dépêche du 24 mai 1864, a demandé que les communes intéressées fussent invitées à voter une partie des fonds nécessaires pour l'exécution ; que les propriétaires des terrains fussent constitués en syndicat pour en fournir une autre partie, et que le concours du département fût aussi sollicité. Quant à l'Etat, il pouvait être appelé à contribuer pour moitié de la dépense.

A la suite de cette décision, le service hydraulique produisit en 1866 un projet de constitution d'association entre les propriétaires des communes de Morteau, Montlebon, Villers-le-Lac, Grand'Combe, les Fins et les Combes. Ce projet ayant été soumis aux intéressés après les formalités prescrites par la loi du 21 juin 1865, les conseils municipaux, d'une part, refusèrent les subventions qui leur étaient demandées, et, d'autre part, le nombre d'adhésions des propriétaires fut insuffisant pour qu'on pût statuer d'une manière générale. On dut alors abandonner la majeure partie de l'affaire et restreindre le projet d'association aux terrains de Villers-le-Lac, pour lesquels on était parvenu à obtenir la majorité nécessaire. A la date du 13 juin 1870, nous avons proposé de statuer dans ce sens ; mais jusqu'à ce jour aucune décision n'a été prise.

Ainsi réduit, le projet proposé ne peut d'ailleurs plus offrir qu'un intérêt restreint dans la question qui nous occupe. Quant au projet général, les communes et les propriétaires intéressés ayant d'une part refusé leur concours, le département et l'Etat ne paraissant pas, d'autre part, actuellement en mesure d'en réaliser les parties qui se rattachent à l'intérêt général, il semble que cette entreprise peut être considérée comme ajournée quant à présent, et nous ne nous en occuperons pas davantage ici.

Les propositions que nous avons à faire dans le présent travail doivent, du reste, laisser intacte la question d'un aménagement complémentaire des eaux dans le bassin de Morteau, pour le cas où par la suite il pourra être jugé utile d'y revenir.

§ 1er. Ouvrages à établir pour utiliser les eaux de la réserve.

Dispositions des ouvrages projetés.

La décision du 25 février 1869 ayant admis en principe que la réserve à constituer n'intéresse que les propriétaires des usines, nous avons repris l'étude de la question en ne considérant que les avantages à espérer par ces propriétaires. D'ailleurs, nous avons supposé qu'il ne serait rien changé dans l'état actuel des terrains de la vallée de Saint-Point, c'est-à-dire que le niveau des lacs ne serait pas exhaussé, et qu'on disposerait seulement du volume d'eau qu'ils pourraient fournir par l'abaissement de leur niveau ordinaire.

En ce qui concerne le lac de Saint-Point, la solution de la question paraît pouvoir être obtenue facilement en ouvrant un canal suffisamment profond et le fermant par un vannage qui permettrait de n'écouler que les eaux dont on aurait besoin. Un travail analogue pourrait être exécuté l'aval du lac de Remoray, afin d'augmenter le volume d'eau de la réserve; mais ce travail serait considérable, puisqu'il s'étendrait sur 2,500 m. de longueur; de plus, s'il s'opérait sur le canal actuel, il donnerait lieu à une dépense importante d'entretien, à raison des apports qu'y ferait le Doubs; enfin, on aggraverait le trouble pouvant être apporté dans le droit de pêche relatif au lac de Remoray. Par ces motifs, il nous a paru préférable de ne pas considérer l'abaissement des eaux de ce lac au-dessous de ce que comporte l'état actuel du canal qui le relie à celui de Saint-Point. Plus tard, l'association des usiniers pourra examiner si les avantages du surplus de réserve que procurerait un abaissement des eaux du lac de Remoray aussi grand que celui des eaux du lac de Saint-Point, ferait compensation au surcroît de dépense qu'il occasionnerait.

Les ouvrages à établir ne devant pas fonctionner quand la rivière sera au-dessus de l'état ordinaire, il convient de les placer autant que possible hors du lit actuel des eaux des crues, afin que l'écoulement de ces eaux ne soit pas modifié. Il nous paraît qu'ils doivent consister principalement dans un vannage de prise d'eau et un canal. Pour en déterminer les dispositions, le premier élément à fixer est le volume d'eau qu'on doit se proposer de maintenir dans le lit du Doubs lors des sécheresses. *A priori*, ce volume peut faire le sujet d'appréciations diverses; mais il est nécessaire, pour l'objet que nous nous proposons, de considérer un débit déterminé. Il serait rationnel que ce débit fût égal à celui du Doubs en étiage, augmenté de la moyenne des volumes d'eau qui manquent alors aux usines pour que leur marche complète soit assurée, moyenne qui, d'après le tableau des usines (pièce n° 2 C), est de $4^{mc}63$ par seconde. Toutefois, en appliquant ce débit, qui, ainsi composé, s'élèverait à $5^{mc}50$ environ, aux périodes de sécheresse observées depuis octobre 1858 jusqu'à septembre 1864, nous trouvons que la réserve serait insuffisante pour franchir un grand nombre d'entre elles, et dès lors nous sommes conduit à adopter un volume moindre. Nous l'abaisserons en consé-

Volume d'eau
à maintenir
dans le lit du Doubs
à l'aval
de Saint-Point,
lors des sécheresses.

quence à la moyenne générale des débits du Doubs inférieurs aux crues , qui est de 4 m. 60, ainsi qu'on l'a vu précédemment.

La pente du Doubs, à partir du lac de Saint-Point, est, ainsi que nous l'avons dit plus haut, de 0ᵐ0014 par mètre sur environ 3 kilomètres ; au delà elle se réduit à 0ᵐ0006 sur une grande longueur. C'est de cette pente qu'il est possible de profiter pour tirer artificiellement l'eau des lacs au moyen d'un canal dont la pente serait moindre que celle de la rivière. Adoptant ces condi-tions locales, nous avons été conduit, par des considérations économiques, à prévoir la direction du canal partant, selon que l'indiquent les plans, de l'aval du lac de Saint-Point pour aboutir dans le Doubs à 580 m. plus bas que l'usine Bouvet (2ᵉ usine d'Oye). Sa longueur serait de 2,864 m. et sa pente de 0ᵐ0004 par mètre. Le fond, à l'embouchure, étant placé au niveau du fond du Doubs, soit à 4 m. 65 en contre-bas du socle repère du pont de Sainte-Marie, le seuil de la prise d'eau se trouverait établi à 3 m. 50 au-dessous du même repère, lequel indique l'étiage.

Pour que, sous la pente ci-dessus de 0ᵐ0004 par mètre, le canal de prise d'eau écoule les 4 m. 60 par seconde dont nous avons parlé plus haut, il faut que sa section mouillée soit d'environ 5 m. 60 ; mais, d'une part, il est néces-saire que la profondeur de cette section soit aussi réduite que possible, parce que la hauteur d'eau de la réserve doit être comptée à partir du niveau de l'eau dans le canal ; d'autre part, il est important que le canal soit étroit, afin que les frais de son établissement soient moins élevés. Il nous a paru qu'en portant à 6 m. environ la largeur moyenne de ce canal, on satisferait dans une juste mesure à ces deux conditions. Alors, dans les parties où le canal pourra être ouvert dans la terre, et où l'inclinaison des talus sera de 45°, le fond aura 5 m. de largeur ; quand, au contraire, les bords devront être à peu près verticaux, cette largeur sera de 6 m. La profondeur d'eau devra d'ail-leurs être de 0ᵐ94 pour le débit de 4 m. 60.

Le canal de prise d'eau est l'ouvrage le plus considérable de l'entreprise. Quant au vannage régulateur, dont nous donnons les dessins, il présenterait trois orifices de chacun 2 m. de largeur et 1 m. 20 de hauteur minimum, et suffirait par conséquent pour écouler le débit ci-dessus, même lorsque le niveau de l'eau en amont se serait abaissé à la hauteur de celui du canal. Ces ouvrages se compléteraient par un ponceau sur le canal pour le chemin de Pallet, par des digues longitudinales, des murs et des perrés destinés à garantir quelques points du canal contre les eaux de crues du Doubs. Pour traverser le chemin d'Oye, on profiterait du pont existant sur le Doubs et dont le débouché, actuellement plus que suffisant pour écouler les grandes eaux, permet d'en occuper une partie, sous l'arche de droite, pour y placer le canal.

Nous ferons remarquer qu'il ne serait pas touché aux ouvrages des deux usines d'Oye, et que l'établissement de la réserve n'aurait d'autre conséquence à l'égard de ces usines que de leur enlever l'eau dans les moments d'étiage, privation dont il pourrait leur être tenu compte au moyen d'une indemnité.

Nous avons dressé les plans, profils et dessins des ouvrages à établir, et nous en avons fait une évaluation basée sur les prix actuels des travaux. D'après cette évaluation, la dépense serait de . . . . 260,000 fr.

Dépense
des travaux.

Savoir : 1° Terrassements pour ouverture du canal, maçonneries
    pour murs de soutènement, perrés et enrochements, en-
    semble 160,000

2° Vannage de prise d'eau 16,700

3° Ponceau sous le chemin de Pallet. 9,300

                Montant des travaux prévus 186,000

Plus, pour travaux imprévus, somme à valoir. 19,000

Et pour acquisition de terrains, indemnités de toute nature et
    honoraires 55,000

              Total comme ci-dessus. . . 260,000

§ 2. Résultats probables de l'entreprise.

D'après les considérations qui précèdent et les dispositions des ouvrages dont il vient d'être parlé, nous déterminerons la capacité de la réserve, nous donnerons un aperçu du temps pendant lequel le débit du Doubs pourrait être soutenu à $4^{mc}60$ par seconde au moyen de l'eau qu'elle fournirait, et nous évaluerons la force qu'elle procurerait aux usines, puis, par suite, la plus-value à espérer de l'entreprise.

D'abord, en ce qui concerne la capacité de la réserve, nous observerons qu'elle serait égale au volume d'eau compris entre le niveau existant actuellement dans les lacs, lorsque le débit à l'embouchure, par le lit du Doubs, est de $4^{mc}60$ par seconde, et le niveau de l'eau dans le canal à établir, lorsqu'il débitera ce même volume de $4^{mc}60$. Dans le lac de Remoray, et d'après les observations hydrométriques faites au pont de Sainte-Marie, le niveau qui correspond au débit moyen général de $4^{mc}60$ par seconde à l'aval de Saint-Point, est de $0^{mc}53$ au-dessus de l'étiage, et de $1^{mc}23$ au-dessus de la ligne qui sépare les *blancs* des *noirs*. Pour que le volume d'eau tiré de ce lac au mo-

Capacité
de la réserve.

ment des basses eaux où le canal projeté fonctionnerait s'écoulât par le ruisseau de la Taverne, la profondeur dans ce dernier devrait être de 0^m50, ce
qui placerait la surface de l'eau dans ce même ruisseau à 1 m. au-dessous
de l'étiage actuel, soit à 0^m30 seulement plus bas que la ligne entre les *blancs*
et les *noirs*. En prenant la première hauteur, 1^m23, pour celle d'un prisme
dont la base serait la moyenne entre l'étendue totale, 93 hectares, et l'étendue
des *noirs*, 62 hectares, nous trouvons un premier volume
de. . . . . 953,250^{mc}
puis prenant 0^m30 pour hauteur d'un prisme ayant pour base
62 hectares, nous trouvons un second volume de 186,000^{mc},
ce qui porte la capacité de la réserve dans le lac de Remoray à   1,139,250^{mc}
Pour le lac de Saint-Point, le niveau ordinaire des eaux est de 0^m45
au-dessus de l'étiage. On a vu plus haut que l'eau du canal
serait de (3^m50 — 0^m94) 2^m56 plus basse que ce même étiage,
quand son débit s'élèverait à 4^{mc}60 ; la hauteur totale de la
capacité de la réserve dans ce lac serait donc de 3^m01 ; mais,
par rapport à la ligne de démarcation des fonds *blancs* et
noirs, cette hauteur se divise en deux parties : l'une, de
1^m99, qui est supérieure à cette ligne, l'autre de 1^m02, qui lui
est inférieure. Prenant la première pour hauteur d'un
prisme ayant pour base la moyenne entre l'étendue totale du
lac, 383 hectares, et l'étendue des *noirs*, 249 hectares, nous
trouvons pour capacité de ce prisme. . . . 6,288,100^{mc}
Prenant 1^m02 pour hauteur d'un second prisme ayant pour
base les *noirs*, nous obtenons . . . . . . 2,539,800^{mc}
ci, pour capacité de la réserve dans le lac de Saint-Point . . 8,828,200
Total pour les deux lacs,   9,967,450^{mc}

Nous ferons remarquer que le volume ci-dessus est inférieur à la réalité,
car, lorsque l'eau des lacs se sera abaissée au niveau de celle des canaux à la
suite, il pourra encore sortir de la réserve proprement dite un volume d'eau
artificiel qui ira en diminuant et se réduira à zéro quand ces canaux ne four-
niront plus que le débit naturel de la rivière. Nous n'avons pas tenu compte
dans la capacité de la réserve de cette petite augmentation de volume, qui ne
peut produire le débit minimum de 4^{mc}60.

Cherchons maintenant pendant quel temps le débit du Doubs pourra être
soutenu à 4^{mc}60 par seconde, au moyen de la réserve, dans le cours d'une

année moyenne analogue à 1859. A cet effet, nous observons d'abord que le volume ci-dessus, de 9,967,450^{mc}, permettrait de fournir 1^{mc} par seconde pendant 115 jours 1/2, ou bien 2^{mc} pendant 58 jours, 3^{mc} pendant 38 jours 1/2, et ainsi de suite; de telle sorte que, le débit du Doubs descendant à 3^{mc}60, 2^{mc}60 ou 1^{mc}60, la réserve le relèverait à 4^{mc}60 pendant 115 jours 1/2, 58 jours ou 38 jours 1/2. En suivant la courbe journalière des débits de 1859, et en complétant ceux de ces débits qui sont inférieurs à 4^{mc}60, jusqu'à concurrence de 115 fois 1/2 un mètre, nous trouvons que la réserve aurait soutenu le débit pendant 9 périodes de sécheresse, dont 8, d'une durée ensemble de 106 jours, auraient été franchies complétement, et la neuvième, de 147 jours, n'aurait été soutenue que durant 49 jours, le surplus de cette période restant alimenté par le débit naturel du Doubs, lequel a varié de 1^{mc}10 à 1^{mc}40 par seconde.

Mais, les usines n'étant pas toutes actuellement en état d'utiliser un débit de 4^{mc}60 par seconde, nous avons dressé le tableau suivant, qui indique le nombre de jours pendant lequel chaque degré du débit naturel du Doubs pourrait être élevé au degré supérieur au moyen de la réserve, et finalement le nombre de jours pendant lequel la réserve aurait fourni de quoi élever le débit du minimum à chacun des degrés.

pourrait être
soutenu à 4^{m}60,
dans le cours
d'une
année moyenne.

Tableau
fractionnaire
du débit
de la réserve.

DÉBITS NATURELS ET GRADUÉS DU DOUBS (par seconde.)		NOMBRE DE JOURS pendant lesquels les débits ci-contre du Doubs ont été fournis en 1859.	NOMBRE DE JOURS pendant lesquels la réserve aurait fourni l'eau nécessaire pour soutenir le débit du Doubs aux volumes indiqués dans la colonne B. (Nombres de la colonne C cumulés.)	DÉBITS maxima que la réserve aurait fournis durant les périodes ci-contre. D.	VOLUMES D'EAU qu'aurait fournis la réserve, exprimés en	
					NOMBRE DE JOURS d'un débit uniforme de 0^{mc}20 par seconde. (Nombres de la colonne D cumulés.)	NOMBRE DE JOURS d'un débit maximum ε. $\left(\dfrac{\text{F} \times 0^{mc}20}{\varepsilon}\right)$
A	B	C	D	E	F	G
mc.	mc.			mc.		
0.81 à	1.00	2	2	0.10	2	4
1.01	1.20	16	18	0.30	20	13
1.21	1.40	15	33	0.50	53	21
1.41	1.60	53	86	0.70	139	40
1.61	1.80	12	98	0.90	237	53
1.81	2.00	8	106	1.10	343	62
2.01	2.20	8	111	1.30	457	70
2.21	2.40	7	121	1.50	578	77
2.41	2.60	3	124	1.70	702	83
2.61	2.80	4	128	1.90	830	87
2.81	3.00	2	130	2.10	960	91
3.01	3.20	8	138	2.30	1,098	95
3.21	3.40	4	142	2.50	1,240	99
3.41	3.60	5	147	2.70	1,387	103
3.61	3.80	»	147	2.90	1,534	106
3.81	4.00	5	152	3.10	1,686	109
4.01	4.20	1	153	3.30	1,839	111
4.21	4.40	2	155	3.50	1,994	114
4.41	4.60	»	155	3.70	2,149	116

Il résulte de ce tableau que, dans le cours d'une année moyenne analogue à 1859, la réserve projetée permettrait de soutenir le débit du Doubs à $4^{mc}60$ par seconde durant 155 jours de sécheresse ; que, pour les usines capables d'utiliser la totalité de ce débit, la quantité d'eau fournie par la réserve proprement dite équivaudrait à 116 jours d'un débit constant de $3^{mc}70$; enfin, que, sur ces 116 jours, les usines auxquelles il manque un volume moindre que $3^{mc}70$ recevraient de la réserve la quantité qui leur manque durant un nombre de jours moindre que 116 ; par exemple, celle qui manque de $1^{mc}10$ recevrait ce volume pendant 62 jours.

Pour corroborer ces résultats autant qu'il est actuellement possible, nous avons fait l'application du volume d'eau de la réserve aux diverses périodes de sécheresse indiquées par la courbe des débits du Doubs de 1858 à 1864 (pièce n° 6 A). Nous résumons ci-après les observations auxquelles cette application donne lieu :

ÉPOQUE DES SÉCHERESSES.	NOMBRE DE JOURS		OBSERVATIONS.
	de sécheresse.	pendant lesquels la réserve aurait soutenu le débit à 4mc60.	
17 octobre 1858 au 16 novembre	31	31	
29-30 novembre	2	2	
8 au 22 décembre . . . . : . .	15	15	
4 au 30 janvier 1859	27	27	
5 au 19 février	15	15	Débit du Doubs le 20 février, 6mc80.
21 février au 6 mars	14	14	
19 au 29 mars	11	11	
11 au 19 mai	9	9	Débit maximum du 20 au 23 mai, 10mc40.
24 mai.	1	1	
31 mai au 25 octobre.	147	49	Débit maximum du 25 au 30 mai, 9mc80.
16 au 27 novembre	12	12	
11 au 27 décembre.	17	17	
15 au 20 janvier 1860	6	6	
7 au 28 février	22	22	
9 au 22 mars	14	14	
12 au 14 juin	3	3	
20 juin au 4 août	46	41	
27 août au 1er septembre	6	6	
26 octobre au 14 novembre.	20	20	
19 au 25 décembre	7	7	
10 janvier 1861 au 23 février	45	40	
19 mars	1	1	
2 au 4 mai	3	3	Débit du 5 mai, 4mc90.
6 au 11 mai.	6	6	Débit maximum du 12 au 19 mai, 6mc80.
20 mai au 29 juin.	41	41	
26 juillet au 24 septembre	61	41	
5 octobre au 9 novembre	36	36	
21-22 novembre	2	2	
7 décembre 1861	1	1	
17 décembre 1861 au 10 janvier 1862 . . .	25	25	
19 au 24 janvier	6	6	Débit maximum du 1er au 7 avril, 26mc, insuffisant pour remplir le bassin.
11 février au 31 mars	49	41	
8 avril au 24 juin.	78	22	Débit maximum du 25 au 30 juin, 8mc, insuffisant pour remplir le bassin.
1er juillet au 5 septembre	65	12	
21 septembre au 11 octobre.	21	21	
18 octobre	1	1	
6 novembre 1862 au 6 janvier 1863 . . .	62	55	
15 février au 7 mars.	21	21	
17 au 27 mars	11	11	
16 mai au 9 juin	25	25	
3 juillet au 28 août	57	39	
18 au 21 septembre	4	4	
11 au 15 octobre	5	5	
25 au 31 octobre	7	7	
21 novembre au 3 décembre	13	13	
10 décembre 1863 au 16 février 1864 . . .	69	45	
25 au 27 février	3	3	
29 février.	1	1	
16-17 avril	2	2	
24 avril au 2 mai	9	9	
21 mai au 7 juin	18	18	
23 juin au 11 septembre 1864	81	46	
Totaux	1,254	925	

En observant que les sécheresses indiquées ci-dessus se sont produites du

11 octobre 1858 au 15 septembre 1864, soit pendant 2,167 jours, on obtient, pour une année moyenne de 365 jours, 211 jours de sécheresse, dont 156 pendant lesquels la réserve aurait soutenu le débit à 4^{mc}60, résultat qui concorde sensiblement avec celui auquel nous sommes arrivé plus haut en prenant l'année 1859 comme moyenne.

Le tableau précédent indique 52 périodes de sécheresse, mais on peut en écarter onze qui n'ont duré que de un à trois jours. En considérant les quarante-une autres, qui ont eu une importance sérieuse, on remarque que pour sept seulement la réserve eût été insuffisante pendant un temps assez long ; mais nous ferons observer que pour franchir la plus grande de ces sept périodes, il eût fallu que le débit de la prise d'eau fût primitivement réglé à 2^{mc} environ par seconde, ce qui eût rendu inutile, pendant les autres périodes sèches de moindre durée, une partie considérable de l'eau emmaganisée.

L'évaluation de la force motrice que la réserve procurerait aux usines, et de laquelle on doit déduire les avantages financiers de l'entreprise, ne peut être faite que d'une manière approximative, parce que les éléments en sont très difficiles à saisir avec précision. On ne devra donc considérer les chiffres auxquels nous arriverons que comme de simples aperçus.

Pour que notre étude soit aussi complète que possible, il nous paraît que dans l'appréciation de ces avantages nous devons considérer en premier lieu les usines avec l'état actuel de leurs mécanismes, permettant à un certain nombre de propriétaires de profiter des eaux de la réserve sans faire d'autre dépense que celle de participation à l'entreprise ; en second lieu, toutes les usines existantes, mais en supposant que leurs propriétaires respectifs fassent la dépense de mécanismes perfectionnés et complétés de manière à rendre ces usines capables d'utiliser, avec le maximum de rendement, la totalité de l'eau qui serait fournie par la réserve ; en troisième lieu enfin, les usines qu'il est possible d'établir encore sur le Doubs pour utiliser la chute de 295^m qui est encore disponible. Nous ferons remarquer qu'il est rationnel de considérer ces deux dernières situations, parce qu'en présence de l'élévation toujours croissante du prix du combustible, on peut prévoir qu'un jour l'industrie sera conduite à tirer de plus en plus parti des forces hydrauliques disponibles.

Pour évaluer l'augmentation de force motrice que l'eau de la réserve procurerait aux usines dans leur état actuel, nous avons d'abord représenté, comme on l'a vu plus haut dans le tableau fractionnaire du débit, le volume de cette eau au moyen de deux facteurs dont l'un est un débit constant par secondé et l'autre le nombre de jours pendant lequel ce débit serait fourni par la réserve. Puis, pour appliquer ces éléments aux usines indiquées dans le tableau général (pièce n° 2 C), d'une part nous avons considéré le volume d'eau qui manque à chacune d'elles en bas étiage pour assurer sa marche complète, en déterminant, à l'aide de la chute et du rendement des moteurs, le nombre de chevaux-vapeur qui correspond à ce volume ; d'autre part nous avons déduit du tableau fractionnaire le nombre de jours particulier à ce volume pris pour maximum. Le produit de ces deux nombres nous a donné la quantité de journées d'un cheval-vapeur que l'usine pourrait obtenir de la réserve dans le courant d'une année moyenne. Nous avons ainsi trouvé que, pour l'ensemble des usines du Doubs, la somme de ces journées serait, savoir :

Du lac de Saint-Point à Voujeaucourt . . . . 93,194 journées.
De Voujeaucourt à la limite du Jura 16,049
Sur le département du Jura 5,248
Ensemble . . . 114,491

Quant au prix de la journée d'un cheval-vapeur, il nous paraît devoir varier selon que les usines sont plus ou moins accessibles, qu'elles se trouvent ou non à proximité des voies principales de circulation, qu'elles sont dans des contrées plus ou moins populeuses et industrielles, car ces différences de position entraînent aussi des différences dans la masse d'affaires auxquelles donnent lieu les établissements. En combinant les renseignements recueillis sur quelques usines des différents groupes, au sujet du nombre de journées de cheval-vapeur qu'elles peuvent actuellement utiliser durant une année de régime moyen du Doubs, du prix annuel de location et de la partie de la patente afférente aux mécanismes hydrauliques, il nous a semblé qu'on pouvait porter le prix d'une journée de 24 heures d'un cheval-vapeur, savoir :

A 1 fr. 25 pour les usines situées de Valentigney à Voujeaucourt ; à 1 fr. pour celles des territoires de Pontarlier et de Doubs, puis de Montjoie à Mandeure et de Dampierre-sur-le-Doubs à Crissey ; à 0 fr. 50 pour les usines d'Oye-et-Pallet et pour celles entre Arçon et le Saut du Doubs ; enfin à 0 fr. 25 pour celles comprises entre le Tracoulot et Ocourt (Suisse).

En appliquant ces prix aux nombres de journées trouvés plus haut, nous en obtenons la valeur, savoir :

Du lac de Saint-Point à Voujeaucourt . . . . 87,966 fr.
De Voujeaucourt à la limite du Jura 16,049
Sur le département du Jura 5,248
Total . . . 109,263

Capitalisant à raison de cinq pour cent les sommes ci-dessus et déduisant la dépense des ouvrages de prise d'eau (260,000 fr.), nous trouvons que, dans l'état actuel des usines, la plus-value à espérer serait pour une année moyenne, savoir :

Du lac de Saint-Point à Voujeaucourt . . . . 1,499,320 fr.

Du lac à la limite du Jura (totalité du département du Doubs). 1,820,300

Du lac à Crissey (totalité des usines). 1,925,260

Si maintenant nous faisons l'application des éléments indiqués plus haut au cas où les mécanismes de toutes les usines existantes sont supposés mis en état d'utiliser toute l'eau de la réserve avec un rendement maximum de 0,60, au moyen d'une dépense que feraient leurs propriétaires, nous obtenons les quantités suivantes pour l'augmentation de force que la réserve leur procurerait durant une année moyenne.

	Du lac de Saint-Point à Voujeaucourt.	De Voujeaucourt à la limite du Jura.	Sur le département du Jura.	Totaux.
Nombre de journées d'un cheval-vapeur,	517,416 j.	136,764 j.	52,794 j.	706,974 j.
Valeur de ces journées,	296,235 fr.	136,764 fr.	52,794 fr.	485,793 fr.

Capitalisant les valeurs de journées et déduisant des capitaux la dépense des ouvrages de prise d'eau, nous trouvons les plus-values suivantes :

Du lac de Saint-Point à Voujeaucourt . . . . 5,664,700 fr.

Du lac à la limite du Jura 8,399,980

Du lac à Crissey 9,455,860

Si nous considérons enfin les usines nouvelles pouvant être créées pour utiliser la chute de 295ᵐ restant disponible, et que nous les supposions établies au moyen d'une dépense que feraient leurs propriétaires, de manière à utiliser toute l'eau de la réserve avec un rendement maximum de 0,60, nous trouvons pour la force que la réserve procurerait à ces usines durant une année moyenne, savoir :

	Du lac de Saint-Point à Voujeaucourt.	De Voujeaucourt à la limite du Jura.	Sur le département du Jura.	Totaux.
Nombre de journées d'un cheval-vapeur,	896,100 j.	116,696 j.	»	1,012,796 j.
Valeur de ces journées,	456,634 fr.	116,696 fr.	»	573,330 fr.

et pour les plus-values en capital, abstraction faite de la dépense de 260,000 fr. pour prise d'eau, ci :

Du lac de Saint-Point à Voujeaucourt . . . .   9,132,680 fr.

Du lac à la limite du Jura   11,466,600

Du lac à Crissey   11,466,600

Ajoutant les quantités obtenues dans les deux derniers cas, nous trouvons que pour l'ensemble des usines, soit actuelles, soit futures, pouvant exister sur le Doubs, la quantité de force qui serait due annuellement à la réserve serait :

Ensemble
des 2ᵉ et 3ᵉ cas.

	Du lac de Saint-Point à Voujeaucourt.	De Voujeaucourt à la limite du Jura.	Sur le département du Jura.	Totaux.
Nombre de journées d'un cheval-vapeur,	1,413,516 j.	253,460 j.	52,794 j.	1,719,770 j.
Valeur de ces journées,	752,869 fr.	253,460 fr.	52,794 fr.	1,059,123 fr.

et qu'à cette force annuelle correspondraient les plus-values en capital suivantes:

Du lac de Saint-Point à Voujeaucourt . . . .   14,797,380 fr.

Du lac à la limite du Jura   19,866,580

Du lac à Crissey   20,922,460

Dans les deux derniers cas que nous venons de considérer, nous devons faire remarquer que pour obtenir les véritables plus-values que procurerait la réserve, il faudrait retrancher des chiffres trouvés les dépenses à faire, soit pour compléter et perfectionner les mécanismes des usines actuelles, soit pour établir les usines nouvelles, dépenses qu'il est impossible d'estimer maintenant.

On peut remarquer que la plus-value de 9,455,860 fr., trouvée par nous dans l'hypothèse où toutes les usines utiliseraient en entier le volume d'eau fourni par la réserve, n'est guère que les cinq sixièmes de celle de 11,348,800 fr. à laquelle est arrivé M. Parandier dans l'étude dont nous avons parlé au commencement du présent rapport. Cette différence peut s'expliquer par divers motifs dont l'énumération et l'examen ne sont pas utiles ici. Nous nous bornerons à citer, entre autres désaccords d'évaluation, celui qui résulte de ce que M. Parandier a appliqué à toutes les usines, pour la journée d'un cheval-vapeur, un prix unique un peu plus élevé que la moyenne des nôtres.

Comparaison
de la plus-value
qui serait obtenue
dans
le 2ᵉ cas ci-dessus
avec
celle annoncée
dans l'étude
de 1863.

Avant de passer à l'examen de la marche à suivre pour arriver à l'exécution de l'entreprise dont il s'agit, nous répondrons à deux objections que la question peut soulever, et qui se rapportent, l'une à la salubrité publique,

Examen
d'objections
que la question
d'aménagement
peut soulever.

l'autre à la réduction du volume d'eau tiré de la réserve, qui serait produite, dans son trajet, par l'évaporation.

La salubrité.   En ce qui concerne la première objection, on peut en effet concevoir l'idée que, lors de l'émersion des *blancs* des lacs, la salubrité de la vallée de Saint-Point pourrait être compromise par des émanations qui se produiraient à leur surface ; mais on sera rassuré à cet égard, si l'on observe qu'il n'existe sur ces *blancs* aucune végétation pouvant donner lieu à une fermentation putride, et que la prise d'eau devant fonctionner seulement dans les temps secs, le desséchement de ces surfaces aura lieu avec une grande rapidité. D'ailleurs, pour faire cesser toute crainte, il suffit de faire remarquer que, dans la gorge peu éloignée du Sauget, où le lit du Doubs, dont le fond n'offre généralement pas de végétation, est en été complétement à sec sur près de 80 hectares, la salubrité n'est cependant nullement atteinte.

L'évaporation.   Pour apprécier le mérite de la seconde objection, nous observons d'abord qu'en général les pertes d'eau pouvant résulter de l'évaporation naturelle se font en raison des surfaces qui se trouvent en contact avec l'air ; que, par suite, dans les parties du Doubs qui restent actuellement couvertes d'eau lors des séchcresses d'été, le volume que fournirait la réserve n'aurait pas à éprouver de diminution appréciable, parce que la surface de ces parties ne serait pas sensiblement augmentée. Ce serait seulement sur les points où le lit du Doubs, actuellement à sec en été, se trouverait recouvert d'eau par l'effet des lâchures de la réserve, que l'évaporation pourrait causer la perte d'une portion du volume fourni par celle-ci. Or, les parties du lit du Doubs qui jusqu'à ce jour présentent le plus de surfaces découvertes en été sont comprises entre le lac de Saint-Point et le confluent du Dessoubre ; au delà, par suite de la présence des barrages, la surface de l'eau varie peu dans son étendue. Nous avons cherché pour ces parties, et en descendant jusqu'à Voujeaucourt, quelle peut être à peu près la surface que les eaux laissent à découvert en été, et il nous a paru qu'elle ne devait pas dépasser 250 hectares. Or, d'après les observations relatées par le frère Ogérien dans son *Traité de Géologie,* la quantité d'eau enlevée en été par l'évaporation naturelle serait au maximum de $0^{mc}000,000,06$ par seconde et par mètre carré, dans un lieu dont les conditions climatériques sont sensiblement les mêmes que celles de la vallée du Doubs. On aurait donc $0^{mc}15$ ou $1/25$ du volume fourni par la réserve, pour la perte que produirait l'évaporation, en la supposant constamment à son maximum d'intensité. Il est probable que, dans le même cas, cette perte ne s'élèverait pas à $1/20$ à la limite du Jura, et à 1/18 à Crissey. D'après ces résultats, l'objection que nous examinons ne présenterait pas un intérêt sérieux.

§ 3. **Marche à suivre pour arriver à la réalisation de l'entreprise.**

Aux termes de la dépêche ministérielle précitée, du 16 novembre 1869, « c'est aux propriétaires des usines, réunis au besoin en syndicat, à apprécier » les dépenses et les avantages de l'opération dont il s'agit, et à l'entreprendre » à leurs risques et périls, en se conformant aux lois et règlements en vi- » gueur. » Les premières mesures à prendre doivent donc être, pour les usi- niers, de constituer entre eux une association. Or, les frais de l'entreprise de- vant être entièrement à la charge de ceux d'entre eux qui adhéreront à la société, il importe que ces frais soient répartis sur le plus grand nombre pos- sible, et de réunir les adhésions de tous ceux qui y ont un notable intérêt. Il convient toutefois de ne pas appliquer les formalités nécessaires au delà de l'étendue où il paraît possible de réaliser ces adhésions.

Si nous nous reportons aux avantages financiers indiqués plus haut comme pouvant être procurés par la réserve, nous observons que ces avantages se- raient sensibles principalement pour les usines de la première section, s'é- tendant de Pontarlier à Voujeaucourt; qu'ils seraient encore assez prononcés pour celles de la 2ᵉ section, de Voujeaucourt à la limite du Jura; mais qu'il n'en serait pas de même pour la 3ᵉ section, s'étendant sur ce dernier dépar- tement, et qu'on ne peut guère espérer trouver des adhérents parmi les treize usiniers que comprend cette dernière, dont trois seulement auraient un intérêt immédiat dans l'entreprise.

D'après ces considérations, il nous paraît que la formation de la société doit être tentée seulement entre les propriétaires des usines situées sur le département du Doubs.

Quant aux dispositions à adopter pour l'organisation intérieure de l'asso- ciation, il nous a paru que le modèle à suivre était le décret du 3 mai 1865, qui a constitué l'association analogue du lac de Paladru (Isère), et nous avons en conséquence rédigé un projet de statuts pour syndicat définitif qui repro- duit les dispositions de ce décret. Toutefois, nous avons cru devoir y apporter diverses modifications déduites de la loi du 21 juin 1865 sur les associations syndicales, bien que cette dernière loi n'ait en vue que des entreprises agri- coles. L'une de ces modifications notamment concerne le mode de représen- tation de l'intérêt des usiniers dans les assemblées générales.

Le degré d'intérêt de chaque usinier dans l'entreprise est proportionnel à la valeur de l'augmentation de force motrice que la réserve peut procurer à son usine durant une année moyenne. Dans le cas où l'on considère seulement l'état actuel des usines, cet intérêt est immédiat, et, pour chacune d'elles, il est indiqué par la somme inscrite dans la colonne t du tableau général (pièce n° 2 C). Mais, ainsi que nous l'avons dit plus haut, un certain nombre d'usines ne tireraient tout l'avantage possible de la réserve que si leurs propriétaires faisaient la dépense de mécanismes capables d'en utiliser toutes les eaux, et à cette situation correspond également un intérêt dont il y a lieu de tenir compte dans une certaine mesure. Enfin, dans ce second cas, il semble rationnel d'admettre qu'un usinier sera d'autant plus disposé à perfectionner ses mécanismes que les produits actuels de son usine sont plus importants, et nous pensons qu'il convient de tenir compte également de cette circonstance dans une certaine proportion. D'après ces considérations, nous avons inscrit dans la colonne u du tableau général les sommes indiquant le degré d'intérêt de chaque propriétaire. Elles se composent de trois parties, savoir : 1° de la somme marquant l'intérêt immédiat (colonne t); 2° du vingtième de la somme indiquant l'intérêt éventuel, qui est la différence entre les nombres des colonnes o et t; 3° du centième du revenu annuel actuel de l'usine (colonne l). Ces sommes, totalisées, se répartissent comme il suit entre les trois sections que nous avons considérées plus haut :

Du lac de Saint-Point à Voujeaucourt	100,042 fr.
De Voujeaucourt à la limite du Jura	23,702
Sur le département du Jura	8,968
Soit pour le département du Doubs	123,744
Et jusqu'à Crissey	132,712

En considérant les 45 usines du département du Doubs qui ont un intérêt immédiat, nous observons, d'une part, que pour 37, la somme marquant le degré d'intérêt est plus élevée que 400 fr.; d'autre part, que parmi les 70 usines n'ayant qu'un intérêt éventuel, il en est 28 dont le degré est marqué par une somme plus élevée que 200 fr. Ces 65 usines formant une majorité, il semble convenable de fixer à 200 fr. le minimum d'intérêt qui donnerait droit à une voix dans les assemblées générales. Ainsi, un usinier ayant un intérêt compris entre 200 fr. et 400 fr. disposerait d'une voix, entre 401 et 600, de deux voix, et ainsi de suite. D'ailleurs, un seul propriétaire ne pourrait disposer que de dix voix, et ceux dont le degré d'intérêt est moindre que

200 fr. pourraient se réunir pour se faire représenter par un ou plusieurs d'entre eux, en nombre égal au nombre de fois que le chiffre de 200 fr. se trouverait compris dans la somme de leurs intérêts réunis.

L'application de ces dispositions aux usines du département du Doubs conduit aux résultats suivants :

14 usines donneraient droit chacune à	10 voix, ci	140 voix.
1 —	—	8		8
6 —	—	7		42
3 —	—	6		18
5 —	—	5		25
4 —	—	4		16
1 —	—	3		3
7 —	—	2		14
27 —	—	1		27

47 usines ayant chacune un intérêt moindre
que 200 fr. donneraient droit ensemble à   24

Total,   317

Ce nombre de 317 voix nous a paru en bonne proportion avec celui des usiniers, qui est de 115, et en conséquence l'article 4 des statuts est rédigé en vue de l'application du minimum d'intérêt de 200 fr., qui donnerait droit à une voix dans les assemblées générales, comme nous l'avons dit plus haut.

La dépêche ministérielle du 16 novembre 1869 indiquant qu'une première association libre devait être formée entre les usiniers, nous avons préparé à cet effet un projet d'acte de société ci-annexé, lequel se réfère, pour l'organisation intérieure, aux conditions du projet de statuts définitifs où les interventions administratives sont supprimées.

Lorsque cette société libre sera formée et qu'elle aura présenté à l'administration sa demande en autorisation, le préfet, par analogie avec ce que prescrit la loi du 21 juin 1865, pourra soumettre la question à une enquête de 20 jours. Cette enquête serait annoncée dans les 52 communes où se trouvent des usines intéressées, mais les dossiers ne seraient déposés que dans les centres les plus importants, tels que Pontarlier, Morteau, Charquemont, Saint-Hippolyte, Audincourt, l'Isle-sur-le-Doubs, Baume-les-Dames et Besançon, où se trouveraient d'ailleurs ouverts des registres pour recevoir les observations. De plus, un ou plusieurs commissaires enquêteurs, n'ayant aucun intérêt personnel à l'entreprise, seraient désignés pour entendre les intéressés et donner leur avis.

Après l'enquête, les dossiers pourraient être communiqués aux chambres de commerce de Montbéliard et de Besançon, pour avoir leur appréciation, puis le tout serait adressé à l'administration supérieure, afin qu'il soit statué sur l'approbation des statuts et la déclaration d'utilité publique de l'entreprise.

Résumé et Conclusions.

Résumé. En résumé, les lacs de Remoray et de Saint-Point peuvent servir à constituer une réserve d'eau capable de soutenir, dans le cours d'une année de régime moyen du Doubs, le débit par seconde de cette rivière à 4^{mc}60 durant 155 jours de sécheresse, et la dépense des ouvrages à établir à cet effet peut actuellement être évaluée à 260,000 fr. Cette réserve procurerait aux usines du département du Doubs une augmentation de force motrice à laquelle correspondrait une plus-value en capital qu'on peut estimer, savoir : 1° à 1,820,300 fr., dans le cas où les mécanismes actuels des usines seraient maintenus ; 2° à 8,399,980 fr., dans le cas où les mécanismes de toutes les usines seraient perfectionnés et complétés de manière à utiliser la totalité du volume d'eau de la réserve avec un rendement maximum de 0,60 ; 3° à 19,866,580 fr., en considérant, outre les usines existantes, avec leurs mécanismes perfectionnés, d'autres usines nouvelles qui seraient créées pour utiliser la chute de 295^{m} restant disponible. Toutefois, dans ces deux derniers cas, il devrait être déduit de ces plus-values la dépense à faire pour le perfectionnement des mécanismes et l'établissement des nouvelles usines, laquelle n'est pas maintenant évaluable. Pour réaliser ces importants résultats, les usiniers ont à faire soit des démarches, soit des dépenses communes, devant exiger de leur part une certaine unité d'action. De là pour eux l'utilité de se réunir en société. — Il convient de plus que leur association devienne un syndicat autorisé en raison de l'importance de l'entreprise et de sa déclaration d'utilité publique que nécessiteront les acquisitions de terrain. — Préalablement, ils peuvent former une société libre qui chargerait un comité directeur d'agir au nom de tous pour arriver à constituer le syndicat autorisé définitif.

C'est d'après les considérations qui précèdent que nous avons préparé un avant-projet de l'entreprise, un projet de statuts de syndicat autorisé et un autre de société libre. Ces pièces et annexes sont jointes au présent rapport. Nous pensons qu'il convient d'en transmettre le dossier à l'administration supérieure pour qu'elle juge si ce travail répond aux intentions exprimées par M. le ministre dans sa dépêche du 16 novembre 1869, et s'il peut y être donné suite selon les conditions qu'il prévoit.

Besançon, le 11 juin 1873.

Le Conducteur faisant provisoirement fonctions d'Ingénieur,

Em. GRESSET.

Vu :

Besançon, le 12 juin 1873.

L'Ingénieur en chef du Service hydraulique,

E. MAIRE.

<hr>

Instructions ministérielles sur la suite à donner à l'affaire.

Versailles, 13 août 1873.

Monsieur le préfet, par lettre du 19 juin dernier, vous m'avez adressé le dossier d'un projet d'aménagement des eaux du lac de Saint-Point, dressé par MM. les ingénieurs, et vous m'avez prié de vous faire connaître si, tel qu'il est conçu, ce projet répond à la pensée dont la lettre du 16 novembre 1869 contient l'expression.

Mon administration a été saisie pour la première fois de cette affaire le 14 octobre 1863, par un de vos prédécesseurs, qui lui soumit à cette date un avant-projet d'aménagement des lacs de Saint-Point et de Remoray, dressé par M. Parandier, alors ingénieur en chef du Doubs.

Ces études comprenaient trois systèmes d'ouvrages appropriés, le premier à l'amélioration agricole des terrains formant le fond de la vallée de Saint-Point, le second à l'amélioration du régime du Doubs à un point de vue exclusivement industriel ; le troisième à l'ensemble des améliorations à la fois agricoles et industrielles. Le conseil général des ponts et chaussées, consulté, fit remarquer que l'utilisation des lacs de Saint-Point et de Remoray pour la création d'une réserve d'eau destinée à augmenter pendant les sécheresses les forces motrices des usines échelonnées sur le Doubs, entre Saint-Point et Crissey, n'intéresse en réalité que ces usines; que l'administration n'a, en ce qui la concerne, aucune objection à faire à une opération de cette nature, sous toute réserve de l'intérêt public et de celui des tiers ; mais que c'est aux propriétaires d'usines, réunis au besoin en syndicat, à l'étudier, à en apprécier les dépenses et les avantages, et à l'entreprendre à leurs risques et périls, avec ou sans le concours du département, en se conformant aux lois et règlements en vigueur. Cet avis fut approuvé par une décision ministérielle du 25 février 1869.

Le 24 août de la même année, le conseil général du département, qui, dès 1865, avait donné son adhésion aux études de M. Parandier, émit un vœu en faveur de la solution prochaine de l'affaire. C'est alors qu'intervint la dépêche du 16 novembre 1869 par vous mentionnée. Cette dépêche confirma celle du 25 février précédent et y ajouta que l'administration était toute disposée à autoriser MM. les ingénieurs à se mettre en rapport avec les parties intéressées pour leur fournir tous les documents nécessaires et les aider à se réunir en association libre.

C'est dans le but de faciliter la formation de cette association que MM. les ingénieurs ont rédigé le projet que vous m'avez adressé.

Les dispositions de ce projet sont fondées sur la pensée de trouver une réserve, non point dans une accumulation des eaux pendant les jours pluvieux, obtenue en relevant les bords des lacs et de leurs affluents au moyen de digues d'une plus ou moins grande hauteur, mais dans le volume des eaux inférieur au seuil par lequel le lac de Saint-Point s'écoule naturellement dans le Doubs.

Un canal ayant une pente moyenne de 0,0004 par mètre, beaucoup plus faible que celle du Doubs, met en communication un point de la rivière situé à $3,047^m$ du lac avec l'eau inférieure de ce lac. Un vannage régulièrement construit, dont le seuil est à 3^m50 au-dessous de l'étiage, permet de régler le débit du canal, dont les dimensions sont calculées de manière à assurer pendant les jours de sécheresse un écoulement de $4^{mc}60$ par seconde, égal à la moyenne générale des débits du Doubs inférieurs aux crues. La dépense totale est estimée à 260,000 fr., y compris 18,000 fr. pour acquisition de terrains et 26,000 fr. pour indemnités, notamment à des usiniers qui pourront souffrir de l'abaissement du lac au-dessous de son étiage actuel. La réserve pourrait être notablement augmentée au moyen des eaux du lac de Remoray, soit en abaissant le plafond du canal naturel qui le fait communiquer avec celui de Saint-Point, soit en ouvrant un nouveau canal ; mais, ce travail devant coûter assez cher, il a paru préférable de ne pas le comprendre dans le projet actuel. Plus tard, l'association des usiniers pourra examiner si les avantages résultant de son exécution seront une compensation suffisante du surcroît de la dépense. Indépendamment de tous les éléments nécessaires pour apprécier l'entreprise sous le rapport technique et économique, MM. les ingénieurs ont fourni tous ceux nécessaires à l'organisation d'une association syndicale libre, destinée à être bientôt autorisée. Ils ont préparé des projets d'actes d'association, un tableau général des usines donnant les moyens de juger l'intérêt de chacune d'elles à l'opération. Enfin ils ont joint au dossier un plan à grande échelle de tout le cours du Doubs, avec l'indication de toutes ces usines.

Le conseil général des ponts et chaussées, auquel j'ai soumis de nouveau l'affaire, a formulé son avis dans les termes suivants :

« Le travail de MM. les ingénieurs pour l'aménagement des eaux du lac de Saint-Point, en vue d'améliorer l'alimentation des usines échelonnées dans la vallée du Doubs, présente toutes les conditions désirables pour faire apprécier la nature et l'importance des ouvrages projetés, pour donner la mesure de leurs effets et pour permettre de comparer les sacrifices qu'ils exigeront aux résultats qu'ils produiront.

» Il contient, en outre, tous les éléments propres à faciliter, d'après la loi du 21 juin 1865 et le décret du 17 novembre suivant, l'organisation d'une association syndicale libre, qui pourra devenir une association autorisée, de tous les usiniers intéressés.

» MM. les ingénieurs ayant ainsi largement satisfait à l'intention exprimée dans la dépêche ministérielle du 16 novembre 1869, M. le préfet peut s'appliquer à faire cette organisation, en usant de sa légitime influence et en provoquant, entre autres, le concours des membres du conseil général du Doubs représentant les cantons appelés à profiter de l'exécution du projet, mais seulement après avoir consulté le conseil d'hygiène et de salubrité du département sur la question de savoir s'il n'y aurait rien à craindre pour la santé publique d'un abaissement du niveau du lac de Saint-Point, qui découvrirait tout ou partie des *blancs* de ce lac. »

J'ai l'honneur de vous informer, Monsieur le préfet, que, par décision de ce jour, j'ai de tous points adopté cet avis du conseil général des ponts et chaussées. Je vous autorise, en conséquence, à donner à l'affaire la suite indiquée dans cet avis.

Ci-joint le dossier.

Recevez, Monsieur le préfet, l'assurance de ma considération la plus distinguée.

LE MINISTRE DES TRAVAUX PUBLICS.

Pour le Ministre et par autorisation :

Le Conseiller d'Etat, directeur général des ponts et chaussées et des chemins de fer,

FRANQUEVILLE.

CONSEIL CENTRAL D'HYGIÈNE PUBLIQUE ET DE SALUBRITÉ DU DÉPARTEMENT DU DOUBS.

Extrait du procès-verbal de la séance du 2 mars 1874.

Etaient présents : MM. Bretillot, vice-président, Bellair, Bourgeau, Druhen, Faivre, Reboul et Lebon, secrétaire.

La Commission qui avait été chargée d'examiner si le projet d'aménagement des eaux du lac Saint-Point pourrait avoir de fàcheux effets pour la santé publique, par suite de l'abaissement du niveau de ce lac, qui découvrirait tout ou partie des rives désignées dans le pays sous le nom de *blancs,* fait rapport qu'après s'être renseignée sur la nature du sol formant le fond du lac dans les parties ainsi désignées, et s'être assurée que ce sol est composé de galets unis par un limon argileux-calcaire, qui ne peuvent donner que difficilement naissance à une végétation quelconque pendant les espaces de temps assez limités où ils resteraient découverts, la Commission a jugé que les abaissements momentanés du niveau des eaux ne pourraient pas être nuisibles à la santé publique.

Après délibération, le Conseil, partageant cette manière de voir de la Commission, décide qu'il sera répondu à la question posée par M. le Préfet dans sa lettre du 7 janvier 1874, que le projet d'aménagement présenté ne lui paraît pas pouvoir être la cause de troubles et d'altérations dans la santé des populations qui habitent sur les bords et dans le voisinage du lac Saint-Point.

Pour extrait conforme :

Le vice-président du Conseil,

L. BRETILLOT.

BESANÇON, IMPR. DE J. JACQUIN.